세읽의 여울목에서

도달순

문학광장 시 부문 등단
문학광장 문인협회 회원
황금찬시맥회 회원
청주교육대학 졸업
전) 초등학교 교사
전) mbc리포터
전) 구술채록 지도강사
　　mbc 방송 여성시대 출연
수상) 청주시 사회활동공모전 우수상
　　　대한민국 환경미술대전 입선
　　　서양화 전시회 3회 실시
저서) 수필집 『봄에 찾은 오두막집』
　　　시 집 『뜨락에 핀 화초』

세월의 여울목에서

도달순 제2시집

한국문인 출판부

시인의 말

산다는 건
아름답고 행복한 일
또한 사색하고 고뇌하며 살아간다

그냥 스쳐 지나칠 수 있는
아주 사소한 작은 일상의 생활을 뒤돌아보며
조그마한 것에서 잔잔한 기쁨을 갖고
가슴 속에 담아 놓고 싶을 때
아름다운 자연을 감성의 거울로 눈여겨 보면
가시덤불 속에서 장미꽃이 피어난다.

무의미하게 살아온
지난날을 회상하며
이웃과 고락을 함께하며

남은 여정
자연을 눈여겨보고
사물을 아름다운 눈으로 진솔하게 관찰하며

언제나 열린 눈으로 보고
귀로 듣고
안으로 느끼며
나만의 시선에서
소박한 삶 속에서 일어나는 소소한 사연들을
고운 빛으로 엮은 한 편의 시입니다.

이번 제2시집 삽화와 그림은 멀리 인천 송도에
살고 있는 사랑하는 아들과
내 곁에서 항상 나를 격려하고 배려하고 보살
펴주는
남편의 도움으로 이루어진 작품입니다.
이 시가 메마른 땅에 단비를 내리는 듯 누군가
의 상처를 치유하고
고단한 삶에 따스한 위로가 되기를 소망하며
마음을 모아 시집을 세상에 내어놓습니다.

2025. 9.
도달순

추천사

평범한 돌을 보석으로 만드는 시

도종환
(시인, 전 국회의원, 문체부장관)

도달순 시인의 두 번째 시집 『세월의 여울목』에 실린 시 중에는 우리 주위에 흔히 볼 수 있는 평범한 사물 중에 시인의 눈으로 새롭게 발견한 사물 하나를 애틋한 눈으로 바라보고 다가가서 거기에 생명을 불어넣는 일이 시 쓰기의 과정이라는 걸 보여주는 시들이 많습니다. 「보석 같은 돌」이 그렇습니다.

맑은 계곡 물밑
수없이 부딪친
반짝이는 황금빛 줄무늬

돌 하나 주워
진열장 위에 올려놓고
돌 표면 초생달처럼 휘어진
난 잎과 꽃들을 그려 넣는다

방끗 웃는 꽃은
금세 꽃향기를 쏟아 놓을 듯
새봄이 다가오는 듯
눌린 마음 스르르 풀어지고
   ---「보석 같은 돌」중에서

계곡에서 돌 하나가 눈에 띕니다. 물이 맑은 계곡이라서 황금빛 줄무늬가 보입니다. 계곡물에 씻기고 부딪혀 모난 곳이 사라진 돌입니다. 그 돌 하나를 주워 돌 표면에 초생달처럼 휘어진 난초 잎과 꽃을 그려 넣습니다. 그 꽃이 웃는 모습을 봅니다.
금세 꽃향기를 쏟아 놓을 듯합니다. 억눌렸던 마음들이 스르르 풀어집니다. 마음을
이렇게 풀어주는 돌은 그냥 돌이 아닙니다. 보석입니다.

한 편의 시가 쓰여지는 과정도 이와 같습니다. 평범한 사물에서 평범하지 않은 모습을 발견하는 이가 시인입니다. 그 돌에 난초잎과 꽃을 그려 넣듯 시심의

꽃무늬를 새겨 넣는 일이 시 쓰는 일입니다. 그러면 평범한 돌이 보석이 되는 것처럼 시인이 만난 평범한 일상이 보석 같은 시로 변합니다.

도달순 시인의 시는 담백합니다. 잔잔하고 고요합니다. 그러나 윤슬처럼 반짝입니다. 반짝이는 시심의 물결이 되어 유연하게 떠내려갑니다. 이 시들은 시인의 내면에 피는 연둣빛 새잎들입니다. 시심의 가지 위에 움튼 새순들입니다. 춥고 외롭고 모진 시간을 견딘 뒤에 나뭇가지 사이로 사뿐히 내려앉는 연녹색 손짓들입니다. 거기서 피어난 꽃들이 웃을 때마다 쏟아지는 고운 향기입니다. 그런가 하면 곱게 물들어 가는 시들도 많습니다. 서풍에 고요히 흔들리는 단풍잎 같은 시도 있습니다.

    지난 계절
    잠든 내 영혼
    깨운 책 한 권 펼치며
    나만의 공간에서
    내일 향한 푸른 그림을 그린다

꿈꾸는 자에게
　　　산다는 건
　　　자신을 창조하는 일
　　　 ---「홀로 있는 시간」중에서

이 시「홀로 있는 시간」에서 이야기했듯 "꿈꾸는 자에게/ 산다는 건 자신을 창조하는 일"입니다. 꿈을 꾸기 때문에 그 꿈이 창조로 이어지는 겁니다.
산다는 것의 가장 깊은 의미는 자신을 창조하는 데 있습니다. 창조는 거듭나는 것이고, 자기 안에서 부활하는 것이고, 새로운 자신을 만나는 것입니다.
앞으로도 "잠든 영혼을 깨우는" 일을 멈추지 마시길 바랍니다. "나만의 공간에서/ 내일 향한 푸른 그림을 그리"며 살아가시길 바랍니다.
도달순 시인의 두 번째 시집『세월의 여울목에서』발간을 축하합니다.

　　　　　　　　　　　　　　　　2025년 9월

추천사

축하의 말씀

이준원 목사
(아프리카 우간다 선교사)

하나님께서 주신 빛나는 언어의 선물, 시詩를 통해 우리의 지난至難한 삶에 함께 하시는 하나님의 은혜를 노래하시는 믿음의 시인, 존경하고 흠모하는 도달순 권사님 (시인님)의 두 번째 시집『세월의 여울목에서』의 출간을 진심으로 축하드립니다.

축복 같았던 도달순 권사님의 시편들을 기억합니다.(우암교회의 홈페이지에 늘 실어주셨던) 도달순 권사님의 시詩와 수필은 진실로 축복이요 은총의 선물이었습니다.

모든 시대는 어두웠고 삶은 늘 고단했습니다. 특히 코로나 시대를 떠올립니다. 세상은 소문으로 가득했고 마음은 늘 불안하여 안식을 찾기가 쉽지 않았습니다. 그때마다 시인 도달순 권사님께서는 귀한 시편으로 모두의 마음을 위로하셨습니다. 권사님의 시를 읽으면 어두워져 가는 저녁에 하나 둘 불이 켜지듯 마음이 정화되고 맑아졌습니다.

저는 진정한 시는 단 한 문장이라도 누군가의 가슴에 오래오래 남아 생의 고비에 떠오르고 힘이 되는 시들이 진정한 시라고 생각합니다.
도달순 권사님의 시가 그랬습니다. 누군들 쉬운 세월을 살아왔겠습니까? 그러나 한 편, 한 편의 시를 통해서 시대와 내 마음의 어둠을 밝혀주셨고 위로하셨고 우리 속에 그럼에도 아직 남아있는 영혼의 아름다움을 확인하게 하셨고 누구나 영원에의 그리움을 품고 살아감을 기억하게 하셨습니다.

삶이 무거울 때, 발걸음이 비틀거릴 때, 통로가 막힌 듯 할 때 도달순 시인님의 시는 다시 눈을 들게 하여 우리의 아직도 남은 가능성을 다시 보게 해주었습니다. 시를 읽으면 욕심이 비워지고 안식같은 평안이 찾아왔고 눈물은 맑아졌습니다.
무심한 세월 속의 모든 탄식들, 떨구어진 고개를 가진 모든 영혼들을 보는 시인의 시선은 따뜻하고 아

름다웠습니다. 아무에게도 알리지 못한 상처들이 치유받는듯 했습니다.

도 권사님의 이번 시집은 신앙의 깊은 뿌리에서 솟아오른 영성 언어의 꽃이며, 한 영혼이 하나님 앞에서 모든 삶의 궤적을 어떻게 이해했는지 그리고 어떻게 노래해왔는지를 보여주는 진솔한 고백의 모음입니다. 신앙인의 삶이 체화된 생명의 언어들입니다. 영성의 세계와 시적 세계가 참으로 귀하게 하나로 어우러진 시어의 거룩한 연금술이 우리를 감동하게 합니다!

모든 영혼에 대한 진정한 사랑의 시선이 없이는 시가 쓰여질 수 없습니다. 그런 점에서 도달순 권사님의 삶과 신앙과 시가 조화되신 그 거룩하고 깊고 세심하며 아름다운 시선과 눈빛을 축복합니다.

특히 이번 시집을 읽으며 한 가지 발견한 것이 있습니다.
첫 번째 시집 『뜨락에 핀 화초』 서문에서 시인은 '산다는 것'을 말한 바 있습니다.

"산다는 것은 아름답고 슬픈 일!"

그런데 이번 두 번째 시집, 『세월의 여울목에서』에서 시인은 다시 '산다는 것'을 말합니다. 그런데 문장이 조금 다릅니다.

"산다는 건 아름답고 행복한 일!" 달라졌습니다! 저는 여기에서 시인의 깊은 사유를 발견합니다! 시인이 쓰신 시 구절들처럼 긴 "세월의 여울목에서", "나는 얼마나 더 참아야 인생의 꽃을 피우게 될지", "푸른 꿈을 그리려 무던히도 애쓰며 걸어온 길", "내가 걸어왔던 그 발자국~ 그곳에 고이는 빗물, 낙엽, 흰 눈, 그리고 마침내 그 발자국에 싹터 오르는 희망의 봄", "까칠까칠 매섭고 거친 모난 성격 모두 부숴버리고 빙글빙글 돌면서 부드러움 성품으로 변하여 살 수 있기를!" 시인은 이 모든 깊고 깊은 성찰의 여정을 통해서 다시 찾아낸 내면 깊은 깨달음을 선언합니다. "산다는 것은 아름답고 슬픈 일"을 넘어! 물론 "여전히 사색하고 고뇌하며 살아가지만" "산다는 건 아름답고 행복한 일"! 아멘!

저는 이 시집이 단지 믿는 이들만이 아닌, 이 땅의 모든 영혼에게 잔잔한 감동과 생명의 울림을 전하게 될 것이라 확신합니다. 도달순 권사님은 단순한 시인이 아니라, 시대를 위한 하나님의 편지와도 같은 시를 쓰는 영적 작가입니다. 이 귀한 두 번째 시집이 널리 읽히고, 하나님의 선한 손에 붙들린 시편으로 사용되기를 바라며, 모든 이들에게 진심으로 추천하며 축복합니다.

특히 이 시집을 발간하는데 큰 도움을 주셨을 존경하옵는 김선왕 장로님과 아드님 김승동 집사님의 헌신 또한 소중히 기억하고 싶습니다. 이 시집이 모든 이들의 마음 속에 축복이 되고 은총이 되기를 기도합니다!
- 아프리카 우간다 깊은 밤에 하나님의 시(詩)와 같은 별을 바라보며

차례

시인의 말 • 4
추천사
도종환 시인 • 평범한 돌을 보석으로 만드는 시 6
이준원 목사 • 축하의 말씀　　10

1부 봄은 새로운 시작이다

오 늘 ⋯⋯ 22
동그라미 ⋯⋯ 24
여유 ⋯⋯ 26
사계절 ⋯⋯ 28
라일락 ⋯⋯ 30
봄의 예찬 ⋯⋯ 32
봄바람 ⋯⋯ 34
꽃샘추위 ⋯⋯ 36
바람 부는 날 ⋯⋯ 38
무심천은 내 고향 ⋯⋯ 40
새 순 ⋯⋯ 42
달꽃 쉼터 ⋯⋯ 44
가로수 꽃길 ⋯⋯ 46
새싹 ⋯⋯ 49
그리운 내 고향 ⋯⋯ 50
그리움 ⋯⋯ 52
꽃들의 겸손 ⋯⋯ 54

묵은 앨범 ⋯⋯ 56
호숫가에서 ⋯⋯ 58
빈 둥지 ⋯⋯ 60

2부 곱게 물들어 가다

가을 창가에서 ······ 65
가을 오솔길 ······ 66
구월의 노래 ······ 68
맑은 날에 ······ 70
돌아오는 길 ······ 72
가을비 ······ 74
그리운 친구 ······ 76
발자국 ······ 78
쓸쓸한 가을 ······ 80
세월 가면 ······ 82
알맞은 거리 ······ 84
어머니 ······ 86
보석 같은 돌 ······ 88
어느 날 ······ 90
 사순절 ······ 92
들국화 ······ 94
갈대 ······ 96
대청호의 윤슬 ······ 98
동행 ······ 100
추억의 풍금소리 ······ 102

3부 뜨거운 열정을 넘어서

진달래 ······ 104
바다에 누워 ······ 106
창가에 스며든 봄볕 ······ 108
2만원의 행복 ······ 110
이름모를 들풀 ······ 112
 의자 ······ 114
무더위 ······ 115
비오는 날 길을 가다 ······ 116
내 마음에 꽃을 ······ 118
코로나 19 ······ 120
길가 언덕 위에 핀 꽃 ······ 123
봉선화 ······ 124
소나기 ······ 126
봄 까치꽃 ······ 128
비 내리는 창가에서 ······ 130
부서지는 파도 ······ 132
홀로 있는 시간 ······ 134
흐린 날 ······ 136
추억의 골목길 ······ 138
새 희망 ······ 140

4부 그렇게 지나가다

그렇게 지나가다 ······ 143
개망초 ······ 145
봄의 길목 ······ 146
겨울에 본 목화밭 ······ 148
꽃고무신 ······ 150
향수 ······ 152
눈꽃 ······ 153
복수초 ······ 154
산을 오르며 ······ 156
아침 햇살 ······ 158
야생화 ······ 160
여름의 끝자락 ······ 162
오월의 향기 ······ 164
외로움 ······ 166
응급실 ······ 168
장미꽃 ······ 170
봄비 ······ 172
며느리 ······ 174
어머니의 발자국 ······ 176
첫눈 ······ 178
바닷가에서 ······ 180

5부 추억을 담다

초겨울 …… 184
초승달 …… 185
창가에 앉아 한 편의 시를 …… 186
겨울 산행 …… 188
대림절 …… 190
어두운 밤 …… 192
안부를 묻다 …… 193
성지 순례 …… 194
부활절 ……   196
무심천의 오솔길 …… 198
외로운 달빛 …… 200
기타 치며 …… 202
부산행 …… 204
푸른 오월에 …… 206

1부 봄은 새로운 시작이다

오늘

보석처럼 빛나는
아침햇살

오지 말라 손짓해도
바람에 밀려오는 파도처럼

세상 일이 아득해도
말없이 조용히 달려오네

내일과 어제 사이 오늘이
차창 밖 풍경처럼 스쳐간다

주어진 하루에 감사하고
살아 있음이 행복이다

붉게 물든 석양빛
서산 넘어 비추이면
꿈결인 듯 눈부신 오늘이어라

동그라미

손잡고
둥글게 돌면서
노래 부르자

까칠 까칠
매섭고 거친
모난 성격 모두 부숴버리고
빙글빙글 돌면서
부드러운 성품으로 변하며 살자

둥근 지구 위에 사는
우리들의 마음도 얼굴도
예쁜 동그라미

봄 여름 가을 겨울 지나
계절의 순환에 봄 오면
움트고 싹이 돋아 꽃이 핀다

온 세상 환하게 비추는

둥근 해와 달의 눈부신 빛이
희망의 불빛으로 밝아 오리라

여유

따스한 햇살 아래
환히 웃는 날이면

고요히 들리는 음률에 젖어
한적한 시간을 즐기고

내일을 엮어가는
끊임없는 도전의
삶 속에서
한올 한올 수놓아 가는
틈 사이로 여유를 갖는다

유월의 숲 그늘 벤치에서
지난날의 추억을 그리며

싱그러운 자연의 숲에서
향기를 맡는다
불어오는 한줄기 바람의 여유를

사계절

여름날
비 내리는 날이면
비에 젖어
말없이 빗속을 걷고

가을날
찬바람 부는 날이면
떨어진 낙엽 밟으며
호젓한 길을 걷는다

겨울날
눈 오는 날이면
하얗게 덮인
눈 속을 걸으며 하늘을 보고

따스한 봄날
환히 웃는 꽃 보면
눈부신 꽃길 걸으며
희망을 노래 부른다

변화하는 사계절에
자연의 소리 들으며
기후에 적응하며
살아가는 삶이 행복이어라

라일락

가냘픈 연녹색
잎이 흔들리는 봄날

몸 안으로 스미는
상쾌한 바람 따라

하얀 미소 지으며
마주한 그리운 꽃잎

아쉬움의 기억 끝에서
단아한 자태로 피어난
보랏빛 라일락

바람 불면 그리운 얼굴
꽃잎 위에 아른거리고
짙은 향이 그리움으로
내 가슴에 쌓이는 꽃송이

맑게 미소 지는 연한 꽃잎
가슴속에 품고 있으면

봄 햇살에 하늘하늘 춤추며
사방으로 흩날리는 라일락
봄 햇살에 너울거리네

봄의 예찬

아득한 날에
한줄기 바람이 대지의 수줍음을
모아 세상에 전해주면

긴 겨울이
머물다 떠난 대지 위에
엷은 봄기운을 실어 나른다

어디선가
가냘픈 봄의 소리가 들리는 듯하더니
남쪽으로 뻗은 나뭇가지에
새순이 움트려는가

따사한 햇살 속에
끝없이 펼쳐진 초원 위에
신비한 생명의 경연이 시작되는 봄날이면
탄생의 환희로 여유를 즐기는 즈음

내일 향한 소망 갖고
나의 내면에 새잎을 피우기 위해

잔잔한 봄을 기다린다

봄바람

머 언 남녘에서
살랑살랑 봄바람 불어오면

오가는 행인들의 옷차림
화사한 봄 물결 이루고
젊은이의 발걸음 희망이 넘친다

바람 따라
나폴 나폴 춤추며 다가온 봄
자연에게 살갑게 인사하고

집 앞
정원까지 다가와
꽃눈 터드리고 나뭇가지 흔들며
봄을 노래한다

고요히 잠든 창문 두들기며
안으로 들어온 봄바람

무거운 공기 밀어내고

내 가슴에 포근히 안기어
봄이 오고 있음을 알려 주네

꽃샘추위

봄기운이 완연한 날
설레는 가슴 안고

따스한 봄을 맞이하지만
봄이 다 따스한 것은 아닌 듯

뜻밖에 찾아온 추위가
가슴을 시리게 한다

오한을 느끼며
온몸을 쑤시며
못 견디게 한 감기

몇 날을 신음으로 보낸 후
핼쑥한 얼굴에
콧물보다 진한 눈물이 글썽인다

봄이 온다고

마냥 좋을 수 없는 것은
봄의 향기만큼이나
서러움이 크기 때문이다

내 곁에 머물던
꽃샘추위도
혹독한 감기도
봄바람 불면 어디론가 사라진다

바람 부는 날

흰 구름 안고
둥실 둥실 이리 저리
기웃거리는 바람

바람 불면 부는 대로
바람에 기대어
온몸 흔들려 보자

바람 불면
땅위에 잠든 우거진 숲을
흔들어 깨워보자

바람 불면
혼탁한 오물 바람에 정화하여
아름다운 세상으로 변화해 보자

바람 불면
윙윙 소리 내어 우는 바람

무슨 사연인지
들어주고 달래보자

무심천은 내 고향

실개천에 태어나
길을 나선 친구들

졸졸졸 노래 부르고
재잘재잘 속삭이며
무심천에 다다랐을 때
명암 영운 미평 천에서 온
친구들을 만난다.

반짝이는 윤슬 따라
환한 모습으로 무심천을 지나
미호강을 거처 서해에 이르고 보니
그리움에 달려온 많은 친구들
서로 반기며 쏟아 놓은 수많은 사연

깊고 푸른 물결 가르며
머 언 남태평양에 이르렀을 때
끝없이 밀려오는

폭풍과 거센 파도로
몸을 가누기 힘들었다

긴 여행 마치고
내 고향 맑은 무심천에 돌아와
걸어온 발자취 뒤돌아보니
파도에 꿈을 싣고
끊임없이 도전하는 삶이었더라

새순

긴 겨울
모진 폭풍우 견디고
앙상한 가지마다

긴 잠에서 깨어
봄을 기다린다

겨우내 가지 끝에
준비한 겨울눈

틈 사이로 봄이 오기만을
엿보고 있다

연노랑 나비 날개 짓
아지랑이 피어오르면

실눈 같은 틈 사이로
움터 오르는 새순

따사로운 햇살 아래
밀려오는 남풍은
멀리서 봄소식 싣고

나뭇가지
마디마디
틈 사이로
사뿐히 내려 앉아
연한 연녹색 잎은
봄을 오라 손짓하네

달꽃 쉼터

연녹색 잎이 짙어지는
숲속 오솔길 따라
재잘재잘 흐르는 실개천

구부러진 오솔길 쉼터에
얇은 햇살 내려앉아
소곤대는 양지쪽

향기 나는 꽃들이
옹기종기 도란도란
속삭이며 활짝 웃는다

돌 틈 사이로 고개 들고
가냘픈 꽃잎 실바람 타고
쏟아 놓은 고운 향기

환히 웃는 꽃 보면
노랑나비 날갯짓 장단 맞춰 춤추고

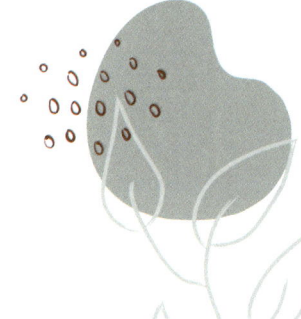

풀 섶에 풀벌레 노래하며 즐기네

봄의 향연 시작되면
먼 길 날아가는 새들도
하늘에 흐르는 구름도
달빛 쉼터에서 쉬어가리

가로수 꽃길

벚꽃 잎
하늘하늘 휘날리는
가로수 꽃길

연록의 숲길 따라
봄을 노래하며
재잘재잘 흐르는 실개천

따스한
봄기운이 숨쉬는
호젓한 길 걸으며
꽃처럼
아름답던 내 젊음
가만히 뒤돌아보니

세월 흘러 꽃잎 지고
꿈결 같은 그 시절로
돌아갈 수 없는 날

아련한 추억
꽃잎에 담아
바람에 날리고

새봄과 함께
고즈넉한 꽃길 걸으며
봄 이야기를 담아본다

새싹

온 대지 위에
따스한 봄이 오면

모진 비바람 견디고
고운 빛 받아 뜬 눈

끝없이 넓은 들녘에
뾰족이 고개 들고
세상 향해 나온 연한 생명

바람 불면
오가는 행인에게 손짓하며
환히 미소 짓는
연둣빛 푸른 새싹은

내일을 열어가는
우리들이 꿈꾸는 희망이어라

그리운 내 고향

내 고향은
진달래 추억을 담은
산자락의 외딴집

봄이 오면
구름 따라 바람 따라
그리움 따라
고향의 뜨락에 서성인다

실개천이 흐르는
맑은 물소리
언덕 위에 버들강아지

봄꽃이 만발한 앞산에서
함께 놀던
옛 친구를 그리며

고향의 봄은
그리움의 숨결이 살아난다

그리움

달빛 속에
은은히 비추인
환한 미소

세월 흘러
여름 가고
가을 짙어지면

내 마음의 창가에
스며든 그 속삭임
사무쳐 오는 그리움에
잠 못 이루고 뒤척이는 밤

찬바람에 떨어지는
낙엽 지는 소리
세월이 가는 소리 들으며

오늘도

바람 센 언덕에 올라
그대 오시려나 기다립니다

꽃들의 겸손

경쟁이라도 하듯
앞다투어
화려하게 핀 꽃들

살랑살랑 바람 불면
고운 옷 벗어 버리고
연녹색으로 갈아 입은 새잎

화려한 시절 지나
눈꽃처럼 휘날리며
길 떠난 가녀린 소녀처럼

비바람에 꽃비 되어
가슴 적시고
봄날이 그리움 되어
추억을 남기며

새로운 잎을 위해

자리를 내어주고 말없이
떠나야 하는 길이리라

묵은 앨범

봄이 데려온 햇살
뜨락에서 소곤대는 한낮

따뜻한 온돌방서
뒹굴던 아련한 추억
한 조각의 그리움 되고

낡은 앨범 속에
꺼내 본 흑백사진
정과 사랑이 담긴
보고픈 얼굴

외로움 안고 홀로
빛바랜 사진
보고 또 만지면
그리움의 파편들이
가슴속에 젖어드네

봄처럼 따뜻한
지난날을 기억하며
흘러간 그 시절을 돌아본다

호숫가에서

태양이 서산 너머
내려앉은 저녁노을

호수는 바람을 받아
잔물결에 반짝이고

밀려오는 물결 위에
내 마음 실어
오늘의 이야기 들려주면

많은 사연 품은 윤슬은
내 마음의 안식처
물빛으로 고요 속에 힘을 얻고

호수 위에
비추는 황금빛 노을로
미래를 꿈꾸며

잔잔히 흐르는
호숫가를 거닐며
희망을 노래 부른다

빈 둥지

아무도 찾는 이 없는
홀로 있는 빈집
마땅히 할 일도 없이
텅 빈 거실에 서성이는 시간들
무엇을 할까 망설이며
휴대폰만 만지작거리고 있다

세월 가고 강물 흘러
나이 들면
모두 내 곁을 떠난 빈 둥지
부모님 떠나시고
자녀들 분가하면
혼자 있는 시간이
많아지고 길어진다

기약 없는
그 누구를 기다리며
혹시나 하는 기대로

말없이 조용히 보내는 시간
외로운 섬에 홀로 떠 있는 듯
붉게 물든 석양빛
서산 너머 비추이면
그렇게 하루는 흘러간다

2부 곱게 물들어 가다

가을 창가에서

끝없이 높이 올라간
맑고 파란 하늘

금빛처럼 빛나는 햇살
온 땅 위에 쏟아놓으면

산과 들을 수놓아 가듯
오색으로 물든 계절

가을을 담아낸 추억을
한편의 시로
그리운 사연으로
가을 창가에서
가을 편지로 바람에 실어 보냅니다
그리운 얼굴 기억하면서

고요히 서풍에 흔들리는 빨간 단풍잎
오늘도
내 마음 설레인다

가을 오솔길

나뭇잎이 떨어지는
호젓한 오솔길에
가을이 오는 소리
바람 따라 흐르고

스산한 바람결에
고운 빛의 흔들림이
갈 숲속 길로 걸어오네

추억의 오솔길 걸으며
내 발자국 뒤돌아보니
낙엽처럼 쌓이는 그리운 사연

못다 한 이야기
나뭇잎 위에 쏟아 놓으니
가슴 속에 젖어 두네

해 저문 오솔길 걸으며

자연의 소리에 내 영혼 깨어
물든 가을 품속에 안기운다

구월의 노래

눈부신 푸른
하늘 아래

뜨거운 태양 빛으로
짙은 녹음이 엷어지고

푸른 나뭇잎이
곱게 물드는 구월은
고운 이야기를 담아낸다

가을 향기에
따스한 햇살로
한껏 무르익은 구월이여

고요한 침묵 속에
구월은
깊고 오묘한 음률이 흐른다

맑은 날에

지친 어깨
토닥토닥 쓰다듬은
사랑의 손길

고운 햇살
내려앉은 맑은 날

그대의
따뜻한 품속에서
사랑의 꽃이 피고

속마음 맑은 빛으로
여물어 가면

밤새워
정다운 오솔길을
도란도란 끝없이 걸어가리

돌아오는 길

봄이 쏟아 놓은 햇살
소곤대는 양지쪽

봄 향기 그윽한
오솔길에
산새들이 반기고

돌 틈 사이로
가늘게 흐르는 물소리
봄이 오는 소리인가

보드라운 바람결에
고운 빛의 흔들림이
대지 위를 스치면

흘러가는 구름도
살랑이는 바람도
따스한 햇살도 친구 삼아

오늘만은
즐거운 봄날 되어 양지바른 쉼터
빈 의자에서 잠시 쉬어가리

가을비

어둠이 밀려오는
고요한 밤

처마 밑에
뚝, 뚝, 뚝
서럽게 떨어지는 빗방울 소리

슬피 우는
가을비 소리에 귀 기울여
창밖을 바라보니

허공에 내리는
애달픈 빗줄기만 보일 뿐
그리운 그대는 보이지 않고

외로운
가로등 불빛만
비에 젖어 흐느껴 우네

그리운 친구

달빛 속에 그려진
그리운 친구의 모습

언제나 환한 미소로
사랑이 가득한 친구

먼 이국 땅
밝은 달빛 아래
바닷가를 함께 거닐던 지난 날

보고 싶다 하지만
바다 건너 멀리 멀리
이민 간 친구

그리움 밀려오면
눈 감고 그려보는
보고픈 얼굴

옛 추억 그리며
그때 그 시절을 떠올린다

발자국

여름날에
내가 남긴 작은 발자국에
빗물 고이고

여름 지나
내가 남긴 가을 발자국에
떨어지는 낙엽 쌓이고

가을 지나
내가 남긴 겨울 발자국에
그리움의 흰 눈 쌓이며

겨울 지나
내가 남긴 봄의 발자국에
이름 모를 꽃이 떨어져
뿌리 내리고 싹이 돋아 꽃이 핀다

아름다운 사계절이 변하여

눈부신 열매로
새로운 꿈과 생명을 잉태하듯

우리의 삶도 계절처럼 변하며
살아가는 즐거운 날이어라

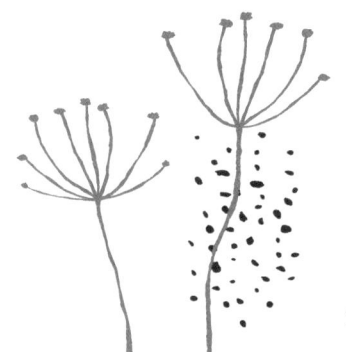

쓸쓸한 가을

가을날의 오후
찬바람에 힘없이
떨어져 쌓이는 오색 단풍잎

마지막을 향한
생의 절정에
고운 빛이 흔들리고

거리마다 공원마다
나뭇가지 속살이 드러나
애처로이 서 있는 나무들

외로움의
바람이 불면
고요함이 밀려온 쓸쓸한 풍경

갈바람 스치는
따스한 가을빛에

고운 잎이 갈색으로 물든

가을은
슬퍼도 아름다운 계절이다

세월 가면

거울을 본다
세월이 훑고 간 흔적
희미한 기억력과 무디어 가는 몸

안개처럼 밀려와
파도처럼 사라지는 시간 앞에

덧없이 흐르는 세월

꽃피는 푸른 젊음 시절로
다시 돌아갈 수 없는 날
아쉬움도 서운함도 벗어 버리고
내가 하던 모든 것 내려놓고
비켜서리라

'더 할 수 있고
더 하고 싶은데'라는
욕심 버리고 새로운 잎을 위해

자리를 내어주고 서서히 걷다 보면
작은 풀꽃 같은 기쁨이 찾아오리

인생은 풀잎이슬
함께 어울리는 시간도
세월만큼 성숙해지고
진심으로 나누는 대화 속에
위로받는 일이 행복인 것을

오늘도 해 저문 노을 바라보며
모두가 즐겁게 걸어가는 길이리라

알맞은 거리

멀리도 가까이도 아닌
적당한 거리가 필요한 삶

너무 가까우면
서로 볼 수 없고
너무 멀리 있으면
서로의 그림자만 보게 되거늘

시간에 매이지 않고
나만의 공간에서
배우고 가꾸고 리듬에 맞추어
서로의 그리움 밀려오면
애틋한 사랑 나누는 거리

지나침은 모자람만
못하다는 말이 있듯
중용을 지킨다는 일은
쉬운 일이 아니거늘

알맞은 거리는
여유롭고 즐거워 우리의 생활도
편안한 공간을 원하며 살아간다

어머니

어머니
이름만 불러도
목이 메이고 눈물이 난다

한 가족의 삶을 위해
내 몸 부서져 내리도록
무거운 짐을 홀로 지시고
떠나신 어머니

새벽이면 고단한 몸
이리저리 뒤척이며
문고리 잡고 일어나
고달픈 하루를 보내시고

아픔과 눈물 인내하며
고난의 길 걸어오신 어머니

효도 못 한 죄책감에

생각만 하여도
가슴이 찡 젖어온다

세월 속에
한 걸음 한걸음
멀어져 가는 어머니

다시 한 번이라도
불러보고 싶은 그 이름

어머니!
그 따뜻한 체온
그 어디 간들 느껴 보리

보석 같은 돌

맑은 계곡 물밑
수없이 부딪친
반짝이는 황금빛 줄무늬

돌 하나 주워

진열장 위에 올려놓고
돌 표면 초생 달처럼 휘어진
난 잎과 꽃들을 그려 넣는다

방끗 웃는 꽃은
금세 꽃향기를 쏟아 놓을 듯
새봄이 다가오는 듯
눌린 마음 스르르 풀어지고

새봄의 품에 안기어
오래도록 머물고 싶은 기분
이러한 날 늘 기다리며

파란 하늘 따스한 봄을 기다린다

어느 날

여름의 끝자락에
살포시 스치는 바람결

가슴을 열어
같은 뜻과
같은 마음으로

같은 길을 걸으며
가슴에 간직한
애절한 사연 함께 나누며

들어주고 받아주고
이해하며 깔깔대는
그 시간

비바람 몰아쳐도
그 시간을 그리며

오랜 세월
변치 않는 마음으로

함께할 수 있는
인연이길….

창밖에 내리는
빗속을 바라보면서…

사순절

눈감고 고요히
들려오는 사랑의 종소리

그대의 진한 향기
아침 햇살처럼 파고든다

끝이 보이지 않는
험한 길 헤맬 때
나직이 들려오는 주님의 음성

날 위해 무거운 십자가를
홀로 지시고 가신 예수님

주님 흘리신 피는
인류구원을 위해
세계만방에서 휘날리며

천가래 만가래 찢겨 나갔을

통곡이 온 세상 곳곳에서

한줄기 빛으로 비출 때
그 향기 하늘 높이 날리고

주님의 피 맺힌 한이
우리 가슴 속에 깊이 스며 들 때
겸손과 순종 사랑을 배웁니다

그 사랑 얼마나 아름답고 놀라운지
십자가 밑에 엎드려 경배 드립니다

들국화

가을날에
외로이 핀 꽃

어찌 할 수 없는 숙명처럼
긴 세월 애절한 사연 안고
청초한 자태로 피어난 보랏빛 들국화

아무도 찾는 이 없고
보는 이 없는 들녘에
은은히 쏟아 놓은 향기

세찬 바람 울부짖고
폭풍우 몰아쳐 온 몸 흔들려도
그 자리 굳게 서서

오가는 행인에게
환한 미소 지으며
그윽한 꽃향기 바람에 날린다

갈대

가을날 찬바람에
흔들리고 있는 갈대

애절한 사연 간직한 채
가냘픈 몸매로 흰머리 휘날리며

은빛 물결 일렁이는
엷은 하늘거림

갈대는 흔들리는 것이
슬픔인 것을 알았다

텅 빈 벌판에
거센 비바람 몰아쳐
온몸 흔들려도 그 자리 굳게 서서

오가는 행인을 반겨주고 맞아주며
친한 벗 되어 사연을 들어주고

위로한다

쓸쓸히 서 있는 갈대의
숨소리 들리는 듯

산다는 건
이렇게 사연을 가슴속에 묻고
말없이 조용히 살아가는 길이리라

대청호의 윤슬

화창한 날
하늘은 호수를 덮고
호수는 하늘을 담은 은빛호수

하얀 새털구름
호수 위를 지나는데
물 파랑이 찰랑이고

반짝이는 물결 위에
한 쌍의 청둥오리
물 위를 배회하며 사랑을 속삭이네

호수와 어우러진 물그림자
조용히 물밑에 내려와
정겨운 풍경 그리고

흰 구름 흐르는 하늘 아래
푸른 윤슬은 말없이
넓은 세상 향해 흘러가네

동행

눈 감으면 아련히
떠오르는 얼굴

고락을 함께하며
굽이굽이 부딪치며
강물 되어 걸어온 가족

가족이 있었기에
행복하였고
형제와 친척이 있었기에
힘이 되었고
친구와 이웃이 있기에
위로받고
신앙이 있었기에
사랑하며 걸어온 길

긴 세월
서로 기대고 의지하고

세상을 열어가며
동행하는 아름다운 삶이
서로의 갈등과 대립을 끌어안고
양보하고 이해하며 배려하는
소통의 길이리라

아름다운 사랑이여
가슴을 열어
동행의 기쁨을 활짝 펼쳐 가리

추억의 풍금소리

한 조각의 그림처럼
아련히 떠오르는 추억

아주 먼 초등학교 시절
음악 시간 두 대의 풍금
옮겨 다니며 수업을 해도 신이 난다

우리들 마음에 빛이 있다면
여름엔 여름에 파랄 거예요

창밖으로 흘러나오는 풍금소리
힘차게 소리 높여 노래하는 아이들

아름다운 선율은
바람에 실려
멀리 멀리 하늘을 향해 퍼져나간다

그때의 그 시절을 떠오르면서…

3부 뜨거운 열정을 넘어서

진달래

봄이 누워있는
양지바른 산기슭

엷은 바람 타고
먼 길을 돌아오는
그대를 기다리며

설레는 맘으로
고운 옷 갈아입고

만물이 생동하는
산자락에
서성이는 연분홍 꽃잎

곱게 바른 입술
반짝이는 환한 미소

그대는
봄빛을 전해주는
여린 자태의 꽃이어라

바다에 누워

푸른 물결 출렁이고
생명력 넘치는 여름 바다

굽이굽이
힘차게 달려온 거센 물살
세차게 부서지는 하얀 파도

쉬지 않고 철썩이는 파도 소리
무거운 마음 바다에 던지고

끝없이 펼쳐진 망망대해
들려오는 소리에 귀를 기울인다

바람에 출렁이는 바다는
모든 사연 끌어안고

하얀 물보라에 욕망을 세척하고
어두운 밤 가까워진 별빛에

외로운 마음 달래며

모래 위에 누워
하얀 추억 그리며 여름날을 보낸다

창가에 스며든 봄볕

미소를 머금고
수줍은 듯
내려앉은 봄 햇살

오늘도 창가에 앉아
따스한 햇살 속에
봄을 맞이한 한낮

햇살 담은 마음
보석처럼 빛나는 봄날에
얼어붙은 마음 녹이고

고요 속에 잠겨
새봄을 색칠하며
맑고 밝은 세상을 노래 부르리

이 봄엔
좀 더 따스한 몸짓으로 살아가리라

2만원의 행복

찬 공기 가르며
나들이를 나선다

평일과 같은
분주한 통행시간
특별한 행운을 만났다

70대 어른이신 허름한 옷차림
그이는 개척 교회 목회자
오가는 행인에게 전도지를 돌린다

예수 믿으세요
예수 믿으세요

가는 길을 멈춘 채
가방을 더듬는다

지갑에 숨어 있는

2만원을 꺼낸다

왼손 모르게 입단속 했으니
작은 것 조그마한 일에
내 얼굴은 온종일 행복한 낯빛

선행과 배려는
곧 나를 위한 일이리라

이름모를 들풀

풀 향기 가득한
초록 바다 위에
수줍은 듯 미소를 머금고
자라고 있는 들풀

모양이 다른
크고 작은 생명이
옹기종기 둘러 앉아
사랑으로 하나 되어
밝은 햇살 받으며 환히 웃고 있다

아무도 찾는 이 없고
보는 시선 없어도
싱그런 모습으로 다가온 풀잎

꽃도 열매도 아닌
이름 없는 풀들이
어쩜, 그렇게 즐거워하는지

지구의 한 부분을
말없이 존재도 없이
어우러져 살아가는 여린 생명이

아침 이슬처럼
신선하게 다가온다

빈 의자

집 앞 오솔길
양지쪽의 공원
기약 없는 손님
하염없이 기다리는 빈 의자

긴 한숨 몰아쉬고
자연의 숨소리 들으며
잠시 쉼을 얻고
여유를 즐기고 떠나는 나그네

언제나 제자리 지키며
오는 행인 반기고
지치고 피곤한 이들에게
안식을 안겨주는

빈 의자는
자신의 모든 것을 내어준다

무더위

태양이 뜨겁게
달아오르는 한낮

도심을 휘감는
달궈진 열기

불볕더위로 지친
심신을 바람에 날린다

뜨거운 열기로
들녘의 결실을
새김질하는 에너지

굵고 빛나는 열매를 위해

오늘의 시련 저편에는
새 희망의 알곡이 영글어 간다

비오는 날 길을 가다

잿빛 하늘 아래
빗속을 가르며 먼 길을 간다

하늘에서 내리는
빗줄기 속에 지난날을 떠올리며

수많은 날
비에 젖은 고난의 길을
많이도 걸어왔다

내일 향한 푸른 꿈을 그리려
무던히 애쓰며 걸어온 길

언제든 빗줄기 내릴 듯
무겁게 가라앉은 회색구름

머잖아 맑은 날 있으리라
굳게 믿고 먼 곳을 향해 달려간다.

오늘도
세월은 비에 젖어 말없이 흘러 간다

내 마음에 꽃을

구름 가고
강물 흐르고
세월 보내며 알았네

내 마음에도
꽃이 피어난다는 것을

산과 들
정원에만
피어나는 줄 알았는데

내 마음에도
꽃이 피고 있음을
세월 보내며 알았네

세월 흘러
이웃과 나눈 친절
내 가슴에 봄 되어 꽃이 피네

오늘은
가슴에 희망을 품고
꽃 피는 봄 하나 만들어야겠네

코로나 19

무슨 징조를 알리는 듯
무겁게 가라앉은 회색 구름

봄이 오려나 기다리는 차
세차게 불어 닥친 코로나 19

성난 파도처럼
소중한 생명을 앗아가고
일상생활을 삼켜버린 독한 바이러스

인생이란 만남이라 하거늘
만나기를 꺼려하는
삭막한 세상으로 변화된 시국

숨쉬기조차 힘들었던
사막의 길을 걸을지라도
참고 기다리면
희망의 그날이 찾아오는 것을

정이 메마른 이때에
내가 먼저 벨 울려 안부 묻고 인사하며
환한 미소 지을 때
화사한 평화의 봄날이 다가오리라

길가 언덕 위에 핀 꽃

길가 외진 곳에
가련한 몸매로
단아한 모습으로
외로이 피어난 작은 꽃망울

꽃과 나 마주친 눈빛
다소곳이 앉아
꽃향기 풍기며
반갑게 맞아주는 예쁜 꽃

은밀한 사랑으로
오가는 행인에게
환한 미소 지으며
은은한 꽃향기 온 누리에 전하리

봉선화

여름날
맑은 햇살 아래
빨갛게 피어난 꽃잎

긴 세월
애절한 사연 가슴 안고
청초한 자태로 피어난 봉선화

사랑의 여린 눈길
안으로 삭인 채

눈물 고여 오는
심정일지라도
가련한 몸으로 참아 온 세월

살며시
빗장을 여는 수줍은
꽃잎이여

손톱에 물들인
그리움 안고
그대 못 잊는 이유는 왜일까

소나기

검은 먹구름
오락가락 하더니
하늘을 찌르는 듯
굉음 소리 토해내고

고요히 잠자던 나무들
온몸을 맡긴 채
세찬 비바람에 휘청거리고
방긋 웃는 꽃들도
고개 휘도록 두들겨 맞고 있다

발밑에 엎드린 풀들도
숨 쉴 여유 주지 않고
마구 때리는가 싶더니
세상 찌든 미세먼지
흙탕물 되어 씻어 내린다

어느 순간

파란 하늘에
쌍무지개 그려놓고
바람과 함께
소나기는 그렇게 스쳐간다

봄 까치꽃

따스한 봄 햇살
소곤대는 양지쪽

차가운 봄바람
심술 부려도

눈길 외진 곳에
앉아 있는 귀여운 꽃

봄바람 스치면
수줍은 듯 고개 들고

활짝 웃는 꽃은
별 닮은 보랏빛 예쁜 꽃

비 내리는 창가에서

창 밖에 정원
떨어지는 빗방울
단풍잎 위에 방울방울 고여

눈물인 듯
내 가슴 속에 촉촉이 맺힌
그리운 사연

시간 흘러
만남과 헤어짐 속에
이별을 부르는 눈물인가

그대 떠난 후
조용히 눈감으면
텅 빈 가슴에 눈시울 젖어

창밖에 비 내리면
내 마음 그대에게 달려가
그리움이 빗물 되어 흘러내리네

부서지는 파도

저 멀리
수평선 너머
끝없이 밀려오는 파도

고요 속에 들려오는
음률은 사랑을 노래하듯
갯바위에 부딪치는
파도는 애절한 환상곡

드넓은 광활한 바다도
사무치는 그리움이 있는 듯
슬픈 연주곡이 다채롭다

짜르륵— 차르륵–철썩
짜르륵– 차르륵–철썩

유유히 흐르는 바다 위에
구슬프게 들리는

파도의 합창 소리는
추억의 파도를 탄다

돌아보고 또 뒤돌아봐도
바다를 떠나왔건만
파도 소리는 귓전에 맴돌며
내 발길에 여운을 남긴다

홀로 있는 시간

가을빛이 그리움 되어
창가에 비치는 오후

김이 나는 차 한 잔 마주하고
차분히 앉은 자리에
흘러간 시간 돌아보며

기타 줄 튕기고
정겨운 노래 부르며
음률에 젖어 오붓한 시간을 갖는다

지난 계절
잠든 내 영혼 깨운
책 한 권 펼치며
나만의 공간에서
내일 향한 푸른 그림을 그린다

꿈꾸는 자에게

산다는 건 자신을 창조하는 일
파란 하늘 구름 사이로 환히 비추이는
눈부신 햇살을 올려다본다

흐린 날

흐린 날에
비구름 안고 이리 저리
여기저기 배회하는 바람

온 땅 위에 잠든
세상 먼지 털어 내고 닦아 내며
우거진 숲을 흔들어 깨워 보자

여름날
뜨거운 햇살처럼
불타는 열정으로
내일을 꿈꾸는 소리 들으며

흐린 날에
내 안에 숨어 있는
사랑의 씨앗을 심어본다

자박자박 내리는
빗소리 들으면서…

추억의 골목길

골목길 모퉁이 돌아서면
가난하고 어려운 시절
빈약한 집들 담벼락에
벽화가 그려지고
작은 마당 화단에
들꽃이 정겹게 웃고 있다

세월의 흐름 속에
사연들이 녹아 있는
담벼락 벽화 보며
골목길 걸으면
가슴이 따뜻하고
그리움의 추억이 떠오른다

저녁 귀가 골목길
이층에서 흐르는
피아노 연주곡에
발걸음 멈춘 채

그 선율에 취하여
시간 가는 줄 몰랐던 지난 날

그때의 그 시절을 그리며
또다시 걷고 싶은 골목길이여라

새 희망

새해 큰 캔버스에
큰 꿈을 그려보자

저 눈부신 동쪽 하늘
태양 바라보며

온 세상
비추는 태양의 빛
그 빛으로 소생하는
만물이 생명의 꽃이려니

우리 가슴속에 비춘
그 빛이 꿈이 되어
꽃으로 피어나리

어두운 밤을 지나
아름다운 꽃이 피어나듯
고난의 강을 건너

저 높은 곳을 향하여

소망의 고개 들고
비상하는 새들처럼
희망의 나래를 힘차게 펼쳐보자

4부 그렇게 지나가다

개망초

초록 물결 위에
출렁이는 풀 향기

살랑살랑 바람불면
나지막이 속삭이듯
노래하고 춤추며 자란 생명

작은 실바람에도
해맑은 웃음으로
반겨주는 예쁜 꽃

정오의 햇살 걸치고
오수에 들면
하얀 물결 이루며

어느새
푸른 들녘에
환히 웃고 있는 가련한 꽃이리라

봄의 길목

따사로운 햇살
온 땅 위에 쏟아 놓으면

땅속 깊은 곳에
잠자는 생명
봄을 맞아 기지개 켜고

외진 바위 밑에
꿈틀거리며 숨 쉬는 생명

따스한 봄 햇살 속에
살포시
고개 들고 움트는 새싹

멀리서 아지랑이
스멀스멀 춤추면
연둣빛 새싹은
봄을 오라 손짓하네

겨울에 본 목화밭

추운 겨울 갈색 잎 위에
하얗게 핀 목화를 보니
어머니 환한 얼굴이 떠오른다

어린 시절 목화다래
과일로 여기고 간식처럼
따 먹던 지난 날

목화 핀 들녘은
하얀 눈이 덮인 세상인 듯
겨울 햇살에 눈이 부시다

목화솜으로 옷 만들고
솜이불 만들어
추위를 달래던 시절

전통을 유지하기 위해
심어놓은 목화밭을 스칠 때마다
따뜻한 어머니의 품속이 그리워진다

꽃고무신

초등학교 이학년 시절
꽃고무신 신고
학교 가는 날
하늘을 날을 듯
기쁨이고 자랑이었지

학업 마치고
해질녘 귀갓길
신발장 보는 순간
그렇게 애지중지 아끼던
꽃고무신이 사라졌다

그 자리 주저앉아 울음 터뜨리고
사방을 찾아본즉 없어진 신발

배처럼 커다란
담임교사 슬리퍼 신고
집에 돌아왔지만

집 주변 맴돌며
눈물로 호소해야 했던 심정

이를 조용히 지켜보며
아무 말씀 없으셨던 부모님
이튿날 새로 사 온 신발은
검정 고무신

설레고 부풀었던 마음 잠시뿐
검정 고무신 신고
무거운 마음으로 학교 다녔던
초등 이학년 여자아이

향수

어두운 밤
달과 별이 비추던 언덕
가로등 불빛만 비추고

어릴 적 걷던
호젓한 오솔길
넓은 도로로 포장되고

어린 시절
친구들의 웃음소리 들리는 곳
새롭게 세워진 건물

정겨운 그때의
그 시절은 사라지고

이제는
멀어진 고향은
그리움만 짙어진다

눈꽃

고요한 밤에
사뿐사뿐 내린
하얗게 쌓인 눈꽃송이

앙상한 나무 가지 위에
은빛 찬란한 눈꽃을 피우며
하얀 정원을 만들었네

눈꽃 사이사이 쪽빛 하늘 가르며
하늘에서 보내준 하얀 눈꽃
바람에 날리며
겨울을 노래하네

하얗게 덮인 온 세상
내 마음도 하얗게 물들고
동심의 세계에 안기어
사랑을 노래 부르자

복수초

겨울날
설원 위에 핀 꽃

초목이 잠들고
봄이 누워있는 산기슭

긴 세월 슬픈 사연 안고
온화한 자태로 피어난 노란 복수초

한 송이 꽃을 피우기 위해
아무도 찾는 이 없는 숲속에

겨우내 언 땅 녹이고
눈밭에 꽃을 피운 설연화

눈 녹이고 살며시 고개 들고
세상 향해 환히 미소 짓는 야생화

모진 삭풍 견디고
백설 위에 핀 황금 꽃은

겨울과 봄이 오는 길목에서
역경을 친구 삼아
희망의 꿈을 안겨준다

산을 오르며

사는 일이 아득해도
푸른 젊음이 손짓하면
저 높은 산을 향해
발길을 옮긴다

우거진 숲속 계곡 따라
졸졸졸 노래 부르며
정상에 이르렀을 때에
산 내음이 짙은 웅장함은
한 폭의 동양화

우주의 질서 속에
계절의 순환에
모든 시련 다 겪고
묵묵히 의연한 자태로 서 있는
울창한 나무들이
교훈으로 다가온다.

언제나 변함없이
많은 이를 반겨주고
품어주는 울창한 산은
영원히 시들지 않는
어머니의 품속

자연의 숨결에
귀 기울이며
그의 사랑이 얼마나 고귀한지
자연 앞에 서면
늘 고개가 숙여진다

아침 햇살

동녘에서 떠오르는
눈부신 아침 햇살

창가에 비춘 환한 미소
찬란하게 빛나는 시간 앞에
지난날을 돌아보며

내 가슴에
파고든 환한 미소

하루를 열어
태양을 보고
내일을 꿈꾸며

희망의 창을 열고
마음을 모아 노래 부른다

야생화

햇살을 마주한
신선한 풀숲 사이로
수줍은 듯 숨어 있는
신비한 생명

아무도 심지 않고
가꾸지 않아도
온 땅 위에
자연으로 싹 트고
피어나는 가련한 꽃

작은 실바람에도
해 맑은 웃음으로
오가는 행인을 손짓하며
반겨주는 꽃잎

초록의 물결 위로
향긋한 향 날리며

외진 어느 곳에서
말없이 곱게 피어나는
잔잔한 꽃이리라

여름의 끝자락

뜨거운 열기로
짙은 녹음이
빛을 잃어가고

땡볕에 견딘 여름은
저마다
독특한 색으로 물들고

초록으로 무르익은
여름이 그리움 되어
엷은 빛깔별로 일어서서
이별을 노래하면

높이 올라간
투명한 햇살 아래
무르익은
여름의 끝자락 8월이여

마지막 날을 위하여
머물다 사라지는 여름을 아쉬워하며
흩어진 마음 모아
가을 향하여 한껏 익어가리

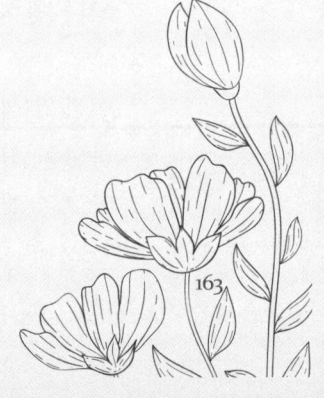

오월의 향기

녹색 물결
일렁이는
싱그러운 봄의 향연

봄의 청량함에
바람이 살랑살랑 손짓하면
소중한 기억을 떠올리며

녹색 물결 위에
하얀 그리움
시절로 돌아간다

형언할 수 없는
아름다운 자연의 품속에서
지난 옛 시절을 노래 부르며

연한 녹색
나날이 짙어지면
맑고 순결한 오월 속에 안기운다

외로움

낙엽이 집니다
어찌 할 수 없는 숙명처럼

세월 흐르고
계절이 변화하면
모든 것이 떠나고

바람 불고
구름 가면
나도 따라 가네

고요히 잠드는 석양빛
세월이 가는 소리

힘없이 불어오는
모래 바람 속에
홀로 서 있는 듯

내 작은 마음
무거워 울고 있네

외로움 속에 깨어
몸을 가다듬고
긴 호흡을 내어 쉰다

나는 어디를 향하여
가고 있는가

응급실

밤새 병마와 씨름하고
새벽에 찾은 응급실

응급 처방 받고서 뜬눈
헐렁한 환자복 입고 바라본 창가
맑은 하늘 따스한 햇살

불현 듯
아쉽고 그리운 세상
죽음에 대한 대책 없이 달려온 길

뜻밖에 일로 나를 잡고
놓아 주지 않는 길

인생은 때때로
가고 싶지 않아도
더러는 가야하는 고난의 길

그 길은 감사 속에서
다시 태어나는 인생이거늘

어두운 터널 지나
치료받고 회복되어
당당히 여기 서 있음이여

장미꽃

화사한 날에
방긋 웃는 꽃

초여름의 길목에 서면
뜨거운 열기로
빨갛게 타오르는 정열

초록으로 물든 숲에서
사랑을 속삭이네

공원과 정원마다
꽃향기 날리며
화려한 꿈 안고 피어난 장미꽃

바람 불면
고고한 자태로 흥겹게 춤추며
오가는 행인에게 환한 미소 지으며

꽃신 신고 나와서
나를 반겨주네

봄비

메마른
대지 위에
촉촉이 내리는 봄비

땅속에
잠자는 작은 생명
봄기운에 꿈틀거리고

봄비 속에
움츠렸던 몸 기지개 켜며
수줍은 얼굴 살며시 들고

세상 향해
환히 미소 지으며
봄비 맞으며 싹을 틔운다

며느리

가을 햇살
스며든 길목에
그 누구를 기다리며 서성이는데

설레임과 기다림 끝에
고운 마음으로
마중 나온 날

가을날에
은은히 핀 들국화 향처럼
홀연히 나타난 그녀의 모습

헤어지고 만남 속에
가족의 인연 되어
행복을 안겨주는 사랑의 꽃이여

세월 흘러도
조용히 말없이 섬겨주고

공경하는 환한 사랑의 빛

그 빛이 내안에 들어와
짙은 사랑이 익어가는
한 가족 된 예쁜 며느리

어머니의 발자국

은빛 달도 떨고
바람도 자고 있는 새벽녘

찬 공기 머리이고
이 십리 고갯길 다니시며
밤 지새며 기도하신 어머니

삭풍과 폭풍우 몰아쳐도
평생을 하루같이 다니신 새벽길

가족을 품에 안고
십자가의 길이신
주님만을 위해
몸 받쳐 헌신하신 어머니

가시밭 골짜기 지날 때마다
주님만을 바라보시고
수많은 날 사랑으로 살아오신 어머니

그 눈물 옥토에 떨어져
씨앗이 되고 가족구원을 이루신
그 크신 사랑

이제 다시 못 오실 그 먼 길
하늘나라 계셔도
어머니를 향한 마음 아련히 떠오르고

세월 흘러 수십 년 지났어도
사무치는 그리움 어찌 잊으리
어머니의 영원한 사랑을…

첫눈

고요히 부드럽게
살포시 온 누리에
하늘 가득 하얀 미소로
그리움의 첫눈 오는 날

메마른 가슴에
그리움이 사랑 되어
눈이 내리네

아무도 밟지 않는 눈길
나의 발자국 돌아보며
새하얀 눈길 사이로
아름다운 추억이 새겨진 시간들

잠시 하늘을 날아다니는
아름다운 눈처럼
오늘도 하얀 눈길 걷고 있네

하늘에서 주신 인생길
첫눈 내리는 날
희망을 노래 부르리

바닷가에서

추억의 바닷가에 파도 신고
불어오는 바다 향기

먼 바다에서 밀려오는
물살이 발아래 닿을 듯 말 듯 한
갯바위에 앉아
눈 감고
사색하며
긴 숨을 내어 쉰다

유유한 침묵으로
한숨도 미움도 잠재우고
무거운 마음 바다에 던지우고

숨은 생의 욕망
먼 바다와 함께 꿈꾸며
바다 이야기를 듣는다

하늘을 품은 바다는 말없이
깊고 넓은 사랑을 끌어안고
수평선 너머 끝없이 밀려오는
파도 소리를 듣는다

5부 추억을 담다

초겨울

찬바람에 흔들리며
떨고 있는 오후

하얀 서릿발에
힘없이 주저앉은 갈잎

눅눅한 시간의 틈을 타서
실개천이 흐르는 길에서
시간을 갖는다

추억을 안고 떨어진 낙엽
찬바람이 쓸고 가면

쓸쓸히 서 있는 나무
숨소리 들리는 듯

외진 곳에 맨몸으로
떨고 있는 나무 한 그루

초승달

어둠이 내려앉은 밤하늘
가냘픈 몸매의 여인처럼

무슨 사연이 있는 듯
애처롭게 떠 있는 초승달

내가 걸으면 함께 동행해 주고
내가 멈춰 서면
함께 기다려주는 다정한 친구

긴 세월
나의 창가에 찾아와
고락을 함께 한 외로운 달빛

오늘도
그리운 추억 떠오르며
가냘픈 입술로
빙그레 미소 짓는 초승달

창가에 앉아 한 편의 시를

평생 걸어온 발자취
한 땀씩 엮어가며
나만의 공간에서
흘러간 시간 돌아보고

온 세상
환히 비추는 해와 달
밤하늘 반짝이는 별을 보며
희망을 노래 부른다

길을 걸으며
풍경을 보며
물소리 새소리 바람소리 들으며
자연과 속삭이는
비밀을 그 누가 알까

따스한 창가에 앉아
그리운 사연

시로 표현하고
순수한 삶을 고백하며
운율에 맞춰
내일 향한 푸른 그림을 그린다

겨울 산행

생명을 품고
손짓하는 산을 향하여
길을 나선다

낙엽 진 앙상한 나무
맑은 계곡물 따라
졸졸 노래 부르며
산 내음과 함께
우뚝 솟은 장엄한 산은
한 폭의 동양화 풍경

낙엽 밟는 소리
바람 부는 소리
산새 소리 들으며
오르는 산

우주의 질서 속에
계절의 순환에

모든 시련 다 겪고
의연한 자태로
묵묵히 서 있는 울창한 나목

언제나
변함없이 많은 이들을
반겨주고
맞아주고
품어주는 산은
어머니 품속처럼 따스하다

대림절

아득히 그리움이
밀려오는 밤

찬바람 불어오는
갈릴리 언덕에 올라
회개의 촛불 들고
그대 오심을 기다립니다

잃은 것들을 비추는
시온성의 불빛 속에
들려오는 발자국 소리
바람에 실려오네

수많은 날 절망의 고통에서
세상길 헤맬 때
소망의 씨앗 품고
우리의 손잡아 일으킨 그 사랑

가시밭 골짜기 지나
홍해를 건너 주님 품에 안겨
기쁨의 눈물 흐르고

고요 속에 풍파를 견뎌낸
십자가의 은혜로 서로 사랑하며

다가오는 새해
새로운 꿈을 품고 기도하며
성탄을 기다리는 교우들이여!

임마누엘 하나님
주님만을 뜨겁게 사랑합니다

어두운 밤

어둠이 짙어지면
별빛 달빛이 반짝이며
뜨락 마당으로 내려앉아
옛 이야기 선물 주고 떠나가네

강물 같이 흐르는 시간
하루해는 저물고 희미해지면
낮보다 더 휘황찬란한 거리로 변신해
떠들썩한 문화의 도심지

멋지고
화려하고
설레는 밤
젊음의 당당함이 모두 모여
단아하고 고고한 자태로
밤낮이 바뀌어 사는 새 시대 밤거리

안부를 묻다

안부를 전하는 소식
얼마나 반가운 일이던가
보이지 않는 거리에
대화를 나눈다는 게

때론
내 마음 들어주고
관심을 보인다는 게
얼마나 기쁜 일이던가

가끔
얼굴 보며 안부 묻고
전할 수 있다는 게
우리의 삶에 행복인 것을

성지 순례

찬이슬 머금고
주님 향한 사랑 싣고
바다 건너 나선 순례자의 길

님은 가고 없어도
그 향기 영원히 빛나는
축복의 땅 이스라엘

광활한 사막을 다니시며
메마른 땅 위에
생명나무를 심으시며
울기도 하시고

거센 풍랑이 몰아쳐도
갈릴리 바다를 잠잠케 하시고
제자들의 손을 잡고
해변을 거닐던 주님

인류구원을 위해
십자가에 피 흘리시고
골고다 언덕에 핀
시들지 않는
영원한 사랑의 꽃

지금도 영원히 그 자리 지키며
밤하늘 은하수 별빛처럼
반짝이는 이스라엘 성지

역사의 땅 성지를 보는 이마다
영혼 깊은 곳에
은혜의 물결이 넘치길 소망하며

나, 이제 주님 품에 안기어
사랑하며 살으렵니다
님의 높고 깊은 그 사랑 위하여

부활절

어두운 밤하늘을 깨우며
눈부시게 비추는 아침햇살

긴 세월
폭풍우와 삭풍 견디고
푸른 하늘 그려낸 부활의 신비

인류 구원을 위해
십자가를 지시고
골고다 언덕 위에 핀 사랑의 꽃

그 사랑 속에 탄생하는
우주 만물이 새 생명의 꽃이려니

온 땅 위에 품은
생명이 부활의 꽃이 되리라

끝없는 고난을 정복하고

영적 세계로 유토피아를 꿈꿀 때

그리스도 고난의 뒤에는
부활의 새 생명이 탄생하여
천국 소망 이루듯

고난의 저편에는 희망이
손짓하며 다가온다

무심천의 오솔길

오랜 세월 동안
변함없이 흐르는
무심천의 물결

유유히 흐르며 반짝이는
물결 위에 내려앉은 석양빛

맑게 흐르는 물은
재잘재잘 노래 부르고

흘러가는 조각구름
물밑 속삭이는 소리 듣고
잠시 기쁨 주고 떠나가면

물결 따라
바람 따라
도란도란 사랑을 속삭이며
강물 향해 굽이굽이 흘러가네

외로운 달빛

하늘빛 그리움을
고이고이 접은 가슴

자다가 깬 한밤중
여전히 그 자리에 떠 있는
나무에 걸려 있는 외로운 달

긴 세월 변함없이
나의 창가에 찾아와
고락을 함께한 외로운 달빛

은은히 비추는 밤이면
외로움이 밀려오고
달과 함께 보내는 시간

스르르 감기는
눈썹 사이로 떠오르는
그대의 얼굴 기억하며

오늘 밤도 그대 그리며
기다리고 있음이여

기타 치며

아무도 없는 텅 빈 집안
보는 이 없고 듣고
박수치는 이 없어도

기타 치고 노래 부르면
기쁘고 즐겁다

화음만 스쳐도
고요해지는 내 마음

아름다운 멜로디로
내 영혼 살리는 기타

마음 불태워 연주하면

창밖에
나무들은 실가지 흔들며
춤추고 노래 부른다

부산행

스스르 미끄러지듯
안락하게 달리는 KTX
먼 길을 단숨에 달려온 듯
지친심신을 토해낸다

긴 세월
역사의 숨결이 살아있고
선인들의 피와 땀으로
신설된 해운대의 마린시티

옛 모습 사라지고
하늘을 찌르는 듯
초고층 빌딩이 즐비한 이국풍경

추억의 바닷가는
젊음의 꿈을 키워가는
낭만의 거리로 변하고

푸른 바다의 물결과
파란 하늘 빛의 어울림은
한 폭의 수채화

머 언 수평선 바라보며
무거운 마음 바다에 던지우고
돌아오는 길
세상 걱정 버리고
자연에서 배우며 살리라

푸른 오월에

꽃잎처럼 새록새록 피어나는
연녹색 잎들이
나를 오라 손짓하네

저 파란 풀밭에 누워
사색에 잠겨
드높은 하늘길을 바라보며

청색은
봄이요 꿈이요 젊음이거늘
그래서인가,
온 세상을 파랗게 색칠하고 싶다

하늘을 우러러 푸른빛으로
물들어가는 오월의 언덕에서

파란 젊음의 마음으로
가슴을 활짝 열고

희망의 꿈을 꾸어본다

푸른 물결이 출렁이는 계절
그 자연 속에 안겨
푸른빛으로 물든 인생의 옷깃을 여미며

오늘도
내 마음 내일의 푸른 꿈에 설렌다

세월의 여울목에서

1판 1쇄 발행 2025년 9월 25일
지은이　　　　　도달순
발행인　　　　　강신옥
펴낸곳　　　　　한국문인출판부
　　　등록 | 2021. 7 제2021-000235
　　　02643 서울시 마포구 월드컵북로 235, 19-704
　　　☎ 010-9585-7785
　　　gtree313@gmail.com
　　　Printed in Korea ⓒ 2025 도달순
　　　값 15,000원

※ 잘못된 책은 바꿔 드립니다.
※ 저자와 협의하여 인지 생략합니다.

ISBN 979-11-994671-0-1